Luganda Household Dictionary

Luganda-English

kasahorow

Designed in Africa
Revised 2019-12-15

Efia N.

Amaka Nge [My Home]

Luganda

- amaka

  ...

  English

- home

Nnyumba [House]

Luganda [English]

- nnyumba [house]

~ ~ ~

nnyumba$_{\text{Oluganda}}$

____[1] English

nnyumba$_{\text{Oluganda}}$

____[2] English

---

[1] house.
[2] the house

lujji$_{Oluganda}$

---[3] English

muggala lujji$_{Oluganda}$

---[4] English

edinisa$_{Oluganda}$

---[5] English

okuggula edinisa$_{Oluganda}$

---[6] English

giggi$_{Oluganda}$

---[7] English

edinisa akwetaaga giggi$_{Oluganda}$

---[8] English

Eddiro [Living-Room]

Luganda [English]

- eddiro [living-room]

~ ~ ~

[3]door.
[4]close the door
[5]window.
[6]open the window
[7]curtain.
[8]the window needs a curtain

meza$_{Oluganda}$

____[9] English

entebe ne meza$_{Oluganda}$

____[10] English

entebe$_{Oluganda}$

____[11] English

bo baleeta entebe$_{Oluganda}$

____[12] English

sofa$_{Oluganda}$

____[13] English

sofa nge$_{Oluganda}$

____[14] English

essimu$_{Oluganda}$

____[15] English

nnyumba essimu$_{Oluganda}$

____[16] English

---

[9] table.
[10] chair and table
[11] chair.
[12] they bring the chair
[13] sofa.
[14] my sofa

televisioni$_{\text{Oluganda}}$

--[17] English

televisioni nge$_{\text{Oluganda}}$

--[18] English

ssaawa$_{\text{Oluganda}}$

--[19] English

ssaawa yo$_{\text{Oluganda}}$

--[20] English

ekitabo$_{\text{Oluganda}}$

--[21] English

kino ekitabo$_{\text{Oluganda}}$

--[22] English

kompyuuta$_{\text{Oluganda}}$

--[23] English

kompyuuta lukangaga lw'amapesa$_{\text{Oluganda}}$

--[24] English

---

[15] phone.

[16] house phone

[17] television.

[18] my television

[19] clock.

[20] your clock

[21] book.

[22] this book

Fumbiro [Kitchen]

Luganda [English]

- fumbiro [kitchen]

~ ~ ~

ejiiko$_{\text{Oluganda}}$

--[25] English

ejiiko e$_{\text{Oluganda}}$

--[26] English

wuuma$_{\text{Oluganda}}$

--[27] English

wuuma ne akambe$_{\text{Oluganda}}$

--[28] English

sowaani$_{\text{Oluganda}}$

--[29] English

muyoza sowaani yo$_{\text{Oluganda}}$

--[30] English

[23] computer.
[24] computer keyboard
[25] spoon.
[26] her spoon
[27] fork.
[28] fork and knife
[29] dish.
[30] launder your dish

ekikopo Oluganda

____ [31] English

kyaayi ekikopo Oluganda

____ [32] English

firiiji Oluganda

____ [33] English

muggula firiiji Oluganda

____ [34] English

stovu Oluganda

____ [35] English

stovu yo Oluganda

____ [36] English

ebaffu Oluganda

____ [37] English

muttulula ebaffu Oluganda

____ [38] English

---

[31] cup.

[32] tea cup

[33] fridge.

[34] open the fridge

[35] stove.

[36] your stove

tapu Oluganda

_____________________________________[39] English

muggula tapu Oluganda

_____________________________________[40] English

Kinaabiro [Bathroom]

Luganda [English]

- kinaabiro [bathroom]

~ ~ ~

endabirwamu Oluganda

_____________________________________[41] English

endabirwamu nene Oluganda

_____________________________________[42] English

sabbuuni Oluganda

_____________________________________[43] English

sabbuuni ne amazzi Oluganda

_____________________________________[44] English

---

[37] sink.

[38] drain the sink

[39] tap.

[40] open the tap

[41] mirror.

[42] big mirror

ekyangwe Oluganda

--[45] English

ekyangwe nge Oluganda

--[46] English

tawelo Oluganda

--[47] English

tawelo bisi Oluganda

--[48] English

kabuyonjo Oluganda

--[49] English

mugenda ku kabuyonjo Oluganda

--[50] English

kabuyonjo Oluganda

--[51] English

kabuyonjo emu Oluganda

--[52] English

---

[43] soap.

[44] soap and water

[45] sponge.

[46] my sponge

[47] towel.

[48] wet towel

[49] toilet.

[50] go to the toilet

omuswaaki$_{\text{Oluganda}}$

_______________________________________[53] English

omuswaaki ne eddagala ly'amannyo$_{\text{Oluganda}}$

_______________________________________[54] English

eddagala ly'amannyo$_{\text{Oluganda}}$

_______________________________________[55] English

omuswaaki ne eddagala ly'amannyo$_{\text{Oluganda}}$

_______________________________________[56] English

Kisenge [Bedroom]

Luganda [English]

- kisenge [bedroom]

~ ~ ~

buliri$_{\text{Oluganda}}$

_______________________________________[57] English

muwebaka buliri$_{\text{Oluganda}}$

_______________________________________[58] English

[51] toilet roll.

[52] one toilet roll

[53] toothbrush.

[54] toothbrush and toothpaste

[55] toothpaste.

[56] toothbrush and toothpaste

bulangiti$_{\text{Oluganda}}$

--[59] English

bulangiti bisi$_{\text{Oluganda}}$

--[60] English

engoye$_{\text{Oluganda}}$

--[61] English

mugula engoye$_{\text{Oluganda}}$

--[62] English

Enimiro [Garden]

~ ~ ~

enimiro$_{\text{Oluganda}}$

--[63] English

enimiro ya ffe$_{\text{Oluganda}}$

--[64] English

wankaaki$_{\text{Oluganda}}$

---

[57] bed.

[58] sleep the bed

[59] blanket.

[60] wet blanket

[61] clothes.

[62] buy clothes

[63] garden.

[64] our garden

____[65] English

muggula wankaaki$_{\text{Oluganda}}$

____[66] English

olukomera$_{\text{Oluganda}}$

____[67] English

olukomera nge$_{\text{Oluganda}}$

____[68] English

ekimuli$_{\text{Oluganda}}$

____[69] English

ekimuli ye njeru$_{\text{Oluganda}}$

____[70] English

nkumbi$_{\text{Oluganda}}$

____[71] English

nkumbi ne ekitala$_{\text{Oluganda}}$

____[72] English

---

[65] gate.

[66] open the gate

[67] fence.

[68] my fence

[69] flower.

[70] the flower is white

[71] hoe.

[72] hoe and cutlass

kitiyo$_{\text{Oluganda}}$

____[73] English

kitiyo nge$_{\text{Oluganda}}$

____[74] English

[73] spade.

[74] my spade

Luganda-English

• a b c d e f g h i j k l m n o p r s t u v w y z

Ø *det*
a
Ø *det*
the
-saamuufu *adj*
pretty
a *pho*
a
abakozi *nom*
staff
abalongo *nom*
triplets
abalwanyi *nom*
warriors
abantu *nom*
people
abantu mwenda *nom*
nine persons
abavubuka *nom*
youth
abazadde *nom*
parents
abedda *nom*
ancestor
accounti *nom*
account
acidi *nom*
acid
Afirika *nom*
Africa
agala *act*
like
ak'okumatu *nom*
earring
akabeenje *nom*
accident
akabina *nom*
buttocks
akabinja *nom*
grove
akabonero *nom*
symbol
akabonero *nom*
logo
akadaala *nom*
stair
akaddukano *nom*
diarrhoea
akade *nom*
bell
akagaali *nom*
bicycle
akagere *nom*
toe
akaggumiza *nom*
full stop
akajulo *nom*
sentence
akakiiko *nom*
committee
akakongovule *nom*
ankle
akakowekoowe *nom*
eyelash
akakuufu *nom*
necklace
akalango *nom*
ad
akalobo *nom*
bucket
akalobo *nom*
pail
akambe *nom*
knife
akamu *nom*
hare

akamweenyomweeny *act*
smile
akamyu *nom*
rabbit
Akani *nom*
Akan
akanyogoga *adj*
cool
akapale komunda *nom*
drawers
akasaale *nom*
arrow
akasana *adj*
sunny
akaseera *nom*
moment
akasengejja *nom*
collander
akasonga *nom*
pointer
akataffaali *nom*
cell
akatimba *nom*
net
akatyabaga *nom*
plague
Algeria *nom*
Algeria
amaanyi *nom*
authority
amadinda *nom*
xylophone
amafuta *nom*
kerosene
amagezi *nom*
knowledge
amagezi *nom*
wisdom
amagoba *nom*
profit
amaka *nom*
home
amaka *nom*
family
amakumi abiri *adj*
twenty
amakumi anya *adj*
forty
amakumi asatu *adj*
thirty
amakumi ataano *adj*
fifty
amakya *nom*
dawn
amalusu *nom*
spittle
amanda *nom*
charcoal
amanyi *sci*
energy
amanyi *nom*
vitality
amasanganzira *nom*
intersection
amasanyalazze *sci*
electricity
amaserengeta *nom*
south
amata *nom*
milk
amatooke *nom*
plantain
amawulire *nom*
information
amawulire *nom*
news

amawulire *nom*
newspaper
amayengo *nom*
wave
amayinja *nom*
stone
amazi *act*
age
amazima *nom*
truth
amazzi *nom*
water
amazzi g'akagga *nom*
springwater
ambula *act*
wear
amenvu *nom*
banana
America *nom*
America
ammwe *pos*
your
ani *pro*
who
apple *nom*
apple
Asia *nom*
Asia
ate *cjn*
yet
awamu *adv*
together
awo *nom*
there
awo *cjn*
then
awo *adv*
there
awo *adv*
then
baafu *nom*
basin
baanka *nom*
bank
baasi *nom*
bus
baati *nom*
roof
baawo *act*
happen
baibuli *nom.omupya*
bible
bakuli *nom*
bowl
bala *act*
count
balango *nom*
twins
balidaadi *nom*
quality
balongo *nom*
twin
baluuni *nom*
balloon
banga *nom*
sky
bantu *nom*
humankind
batiza *act*
baptise
bayilo *nom*
pen
bayoloji *nom*
biology
bba *act*
steal

bbalaafu *nom*
ice
bbalaafu *nom*
ice-cream
bbanga *nom*
gap
bbiri *adj*
two
bbula *act*
rescue
bbula *nom*
scarcity
bbululu *adj*
blue
bbumba *nom*
clay
beera *act*
live
bendera *nom*
flag
Benini *nom*
Benin
bi *adj*
bad
bigenge *nom*
leper
bikocco *nom*
riddle
bila *act*
sink
bilowozo *nom*
thought
biringanya *nom*
eggplant
bisaaniko *nom*
rubbish
biseera ebyomumaaso *nom*
future
bisi *adj*
wet
blog *nom*
blog
bo *pro*
them
bo *pro*
they
boggola *act*
bark
bonabona *nom*
suffering
bonabona *act*
suffer
bonna *adj*
all
breki *nom*
brake
bubaka *nom*
message
Bufalansa *nom*
France
bugatte *adj*
total
bugayaavu *nom*
laziness
bugimu *adj*
fertile
bugumikiriza *nom*
patience
buhuguyavu *adj*
stupid
bukerrezi *adv*
late
Bukina-Faso *nom*
Burkina Faso
bukodo *nom*
selfishness

bukulembeze *nom*
governance
bukunizo *nom*
puzzle
bukyafu *nom*
dirt
bulangiti *nom*
blanket
bulawuzi *nom*
bodice
buli *adj*
every
buli mwaaka *adj*
yearly
buli omu *pro*
everyone
bulidwa *act*
lose
bulikimu *pro*
everything
buliri *nom*
bed
buliwamu *pro*
everywhere
bulungi *adv*
well
bulungi *exc*
I am well
bumanyirivu *nom*
experience
bunaffu *nom*
weakness
Bungeleza *nom*
England
busiru *nom*
fool
busoobozi *adj*
capable
buswavu *nom*
shame
butakola *adj*
inactive
buteefu *adj*
quiet
butereevu *adj*
straight
butiko *nom*
mushroom
buto *nom*
vegetable oil
butto *nom*
childhood
butto *nom*
oil
buuji *nom*
porridge
buuka *act*
jump
buuza *act*
ask
buvunanyizibwa *nom*
responsibility
buwangaazi *nom*
longevity
buwanguzi *nom*
victory
buyinza *nom*
will
buzibu *nom*
hardship
buzibu *nom*
trouble
buzito *sci*
mass
buzza *act*
greet

bwa *nom*
sore
bwa nkuba *adj*
rainy
bwaba ... awo *cjn*
if ... then
bwagazi *nom*
desire
bwebatyo *cjn*
so
bwekanya *nom*
justice
bwesige *nom*
trust
bwino *nom*
ink
cedi *nom*
cedi
chalka *nom*
chalk
cheki *nom*
cheque
Chewa *nom*
Chewa
chokuleeti *nom*
chocolate
ciggara *nom*
tobacco
codi *nom*
code
commandi *nom*
command
commandi *act*
command
Cote d'Ivoire *nom*
Cote d'Ivoire
crab *nom*
crab
dayisi *nom*
dice
ddaala *nom*
ladder
ddabiriza *act*
fix
ddamu *act*
repeat
ddembe *adj*
free
ddembe *nom*
freedom
ddi *cjn*
when
ddoboozi *nom*
volume
ddugavu *adj*
dark
ddugavu *adj*
black
dduka *act*
run
ddungu *nom*
desert
ddwaliro *nom*
clinic
ddyo *adj*
right
ddyo *nom*
right
dembe *nom*
rights
dembe *nom*
liberty
dereva *nom*
driver
dikshonari *nom*
dictionary

Dinka *nom*
Dinka
disitulikiti *nom*
district
dole *nom*
doll
doodo *nom*
spinach
dvdi *nom.omupya*
DVD
e *pos*
her
e *pho*
ay
e *pos*
its
e! *exc*
wow
ebaffu *nom*
sink
ebbaluwa *nom*
mail
ebbaluwa *nom*
letter
ebbaluwa ebanja *nom*
bill
ebbanja *nom*
debt
ebbeere *nom*
breast
ebeeyi *nom*
price
ebigatte *nom*
set
ebigere by'embizzi *nom*
pigfeet
ebijanjaalo *nom*
bean
ebikolwa *nom*
footstep
ebikoola *nom*
foliage
ebikoola by'amayuuni *nom*
cocoyam leaves
ebimu *det*
some
ebirala *adj*
different
ebire *adj*
cloudy
ebiro eby' edda *nom*
antiquity
ebisale *nom*
fees
ebisooto *nom*
mud
ebitaasa *nom*
cymbal
ebitonde *nom*
creation
ebola *nom*
ebola
ebozzi *nom*
poem
ebugwanjuba *nom*
west
ebweru *nom*
outside
ebweru w'eggwanga *nom*
abroad
ebweru wenzigi *nom*
outdoors
eby'obufuzi *nom*
politics
ebyafaayo *nom*
history

eccupa *nom*
bottle
ecuuma *nom*
machine
edda *adv*
later
eddagala *nom*
drug
eddagala ly'amannyo *nom*
toothpaste
eddakiika *nom*
minute
eddebe *nom*
gallon
eddiba *nom*
skin
eddiro *nom*
living-room
edduuka *nom*
shop
edinisa *nom*
window
edobo lye kyenyanja *nom*
fish-hook
effumu *nom*
spear
eggali y'omukka *nom*
train
eggi *nom*
egg
eggiraasi *nom*
glass
eguggwe *nom*
lung
ejiiko *nom*
spoon
ejjinja *nom*
rock
ejjuba *nom*
dove
ejjute *nom*
boil
ekibatu *nom*
palm
ekibatu *sci*
palm
ekibbo *nom*
basket
ekibe *nom*
fox
ekibiina *nom*
association
ekibiina *nom*
crowd
ekibina *nom*
class
ekibinja *nom*
gang
ekibuga *nom*
city
ekide *nom*
gong gong
ekidoli *nom*
potty
ekifananyi *nom*
image
ekifananyi *nom*
photograph
ekifulumya *nom*
printer
ekigala ekisajja *nom*
thumb
ekigambo *nom*
word
ekigendererwa *nom*
aim

ekigendererwa *nom*
purpose
ekigezo *nom*
exam
ekigoye *nom*
headscarf
ekigunda *nom*
festival
ekijukizo *nom*
remainder
ekika *nom*
type
ekikajjo *nom*
sugarcane
ekikere *nom*
frog
ekikolwa *nom*
verb
ekikonde *nom*
fist
ekikopo *nom*
cup
ekiku *nom*
bedbug
ekikuma *nom*
preservative
ekilamu *nom*
being
ekilayiro *nom*
oath
ekimera *nom*
plant
ekimuli *nom*
flower
ekimyanso *nom*
lightning
ekinabiro *nom*
bath
ekinene *adj*
great
ekintu *pro*
something
ekintu *nom*
something
ekintu *nom*
thing
ekintu ekipya *nom*
entry
ekinya *nom*
pit
ekipande *nom*
signpost
ekirabo *nom*
award
ekirabo *nom*
gift
ekirango *nom*
announcement
ekire *nom*
cloud
ekirevu *nom*
beard
ekiro *nom*
night
ekisa *nom*
kindness
ekisa *nom*
mercy
ekisaawe *nom*
yard
ekisaawe *nom*
stadium
ekisambi *nom*
thigh
ekisanikira *nom*
cover

ekisanilizo *nom*
comb
ekiseera *nom*
period
ekiseera *nom*
tense
ekiseera *nom*
duration
ekiselakyona *adv*
always
ekisenge *nom*
wall
ekisesa *nom*
joke
ekisige *nom*
eyebrow
ekisiige *nom*
painting
ekisinzibwa *nom*
fetish
ekisinziro *nom*
heel
ekisolo *nom*
bear
ekisulo *nom*
habitat
ekisusunku *nom*
shell
ekiswa *nom*
anthill
ekitabo *nom*
book
ekitabo *act*
book
ekitala *nom*
cutlass
ekitalina mugaso *nom*
junk
ekitangaala *nom*
light
ekitangaala *adj*
bright
ekiti *nom*
category
ekitiibwa *nom*
respect
ekitiibwa *nom*
dignity
ekitiibwa *nom*
glory
ekitole *nom*
lump
ekitone *nom*
skill
ekitono enyo *adj*
minimum
ekitundu *nom*
part
ekitundu *nom*
region
ekitundu *nom*
fraction
ekitundu ky'omubiri *nom*
organ
ekituufu *adj*
actual
ekivaamu *nom*
consequence
ekiwato *nom*
groin
ekiwato *nom*
waist
ekiwojjolo *nom*
butterfly
ekiwonvu *nom*
valley

ekiwuka *nom*
wasp
ekiyenje *nom*
cockroach
ekizibu *nom*
challenge
ekizikiza *nom*
darkness
ekizimbe *nom*
building
ekizinga *nom*
island
ekizungirizi *nom*
rocket
ekkalaamu enkalu *nom*
pencil
ekolebwa *act*
consist
ekoma *nom*
stop
ekonkome *nom*
gecko
ekooti *nom*
coat
ekufulu *nom*
lock
ekundi *nom*
belly button
ekuubo *nom*
way
eky'okulwanyisa *nom*
weapon
eky'okusookerako *nom*
priority
eky'olulabirako *nom*
example
ekyaalo *nom*
hometown
ekyaama *nom*
secret
ekyaasa *nom*
century
ekyaasi *nom*
bullet
ekyabulijjo *adj*
normal
ekyaddala *adj*
specific
ekyama *adj*
secret
ekyambalo *nom*
attire
ekyambalo *nom*
garment
ekyangwe *nom*
sponge
ekyawandikibwa *nom*
scripture
ekyennyanja *nom*
fish
ekyenyanja *act*
fish
ekyenyi *nom*
forehead
ekyeya *nom*
dry season
ekyo *cjn*
that
ekyomunsiko *adj*
wild
ekyuma *nom*
tool
ekyuma *nom*
metal
elektroni *sci*
electron

elinyo *nom*
tooth
elyanda *nom*
battery
emaaso *nom*
front
emabega *nom*
bark
embaga *nom*
wedding
embalaasi *nom*
horse
embalirira *nom*
accountability
embalirira *nom*
budget
embatta *nom*
duck
embeera *nom*
character
embeera *nom*
state
embeera *nom*
circumstance
embera enungi *nom*
wellbeing
emberera *nom*
virgin
embizzi *nom*
pig
emboga *nom*
cabbage
embuyaga *nom*
storm
embuzi *nom*
goat
embwa *nom*
dog
emeeri *nom*
ship
emeyilo *nom*
email
eminyira *nom*
phlegm
emipiira *nom*
wheel
emirembe *nom*
eternity
emirundi *nom*
lapse
emirundi *nom*
times
emisomo *nom*
schooling
emitwe *nom*
heading
emizanyo *nom*
sport
emmana *nom*
vagina
emmeme *nom*
conscience
emmere *nom*
food
emmese *nom*
mouse
emmotoka *nom*
car
emmotoka *nom*
vehicle
empagi *nom*
pillar
empeewo *nom*
deer
empeewo *nom*
air

empeewo *nom*
antelope
empeta *nom*
coconut
empewo *adj*
windy
empisi *nom*
hyena
empiso *nom*
needle
empiso *nom*
syringe
empungu *nom*
eagle
emu *adj*
one
emundu *nom*
gun
emunyeenye *nom*
star
emwaka *nom*
age
emyungu *nom*
cucumber
enaku z'omwezi *nom*
date
enaku zino *adv*
nowadays
endabirwamu *nom*
mirror
endagano *nom*
covenant
endere *nom*
flute
endiga *nom*
sheep
endiga enkazi *nom*
ewe
endiga ensajja *nom*
rum
endongo *nom*
guitar
endowooza *nom*
mind
enfanagana *nom*
likeness
enfaniriza *adj*
familiar
enfuga *nom*
policy
enfuufu *nom*
dust
engabo *nom*
shield
engalo *nom*
finger
engeri *adv*
how
engeri *nom*
technique
engeri y'obulamu *nom*
lifestyle
engo *nom*
tiger
engoma *nom*
drum
engoma eyogera *nom*
talking drum
engombe *nom*
horn
engombe y'olutalo *nom*
warhorn
engoye *nom*
clothes
eniimu *nom*
lemon

enimiro *nom*
farm
enimiro *nom*
garden
enjita *nom*
appellation
enkaayana *nom*
argument
enkima *nom*
baboon
enkima *nom*
monkey
enkizi *nom*
spine
enkizo *nom*
advantage
enkoffu *nom*
guinea-fowl
enkofiira *nom*
headgear
enkoko empanga *nom*
cockerel
enkomerero *nom*
end
enkomererwa *nom*
summit
enkovu *nom*
scar
enku *nom*
firewood
enkuba *nom*
rain
enkula *nom*
shape
enkulakulana *nom*
development
enkulu *adj*
major
enkuyege *nom*
termite
enkye kumakya *nom*
breakfast
enkyuka enungi *nom*
improvement
ennaano *nom*
grain
ennaku *nom*
grief
ennaku munaana *nom*
eight days
enneewulira *nom*
emotion
ennyama *nom*
meat
ennyama y'embizzi *nom*
pork
ennyanja *nom*
lake
ennyanja *nom*
ocean
ennyanjula *nom*
introduction
ennyido *nom*
nose
ennyimba *nom*
music
ennyonyi *nom*
aeroplane
ennyonyi Muzinge *nom*
peacock
ennyonyi nnamunkanga *nom*
helicopter
ensaasi *nom*
shekere
ensawo *nom*
bag

ensekere *nom*
louse
ensi *nom*
earth
ensi *nom*
country
ensi *nom*
nation
ensi *nom*
world
ensi *nom*
planet
ensi zonna *nom*
universe
ensigo *nom*
seed
ensigo *nom*
oyster
ensimbi *nom*
cash
ensiri *nom*
mosquito
ensolo *nom*
animal
ensonda *nom*
corners
ensujju *nom*
yam
ensulo *nom*
oasis
ensuwa *nom*
pot
enswa *nom*
ant
enswera *nom*
fly
enswera *nom*
housefly
entambula *nom*
transportation
entandikwa *nom*
preface
ente *nom*
cow
entebe *nom*
chair
entebe *nom*
bench
enteekateeka *act*
plan
enteekateeka *nom*
blueprint
entegeka *nom*
preparations
entekateeka *nom*
programme
entono *nom*
little
entugga *nom*
giraffe
entula *nom*
garden egg
entulege *nom*
zebra
entumu *nom*
heap
entuuko *nom*
destiny
enva *nom*
soup
enva *nom*
vegetable
enva endirwa *nom*
lettuce
envubu *nom*
hippopotamus

envunyu *nom*
maggot
enyama *nom*
beef
enyimba *nom*
singing
enyondo *nom*
hammer
enyongeza z'ebbanja *nom*
interest
enyumba *nom*
bungalow
enyumba yannabbubi *nom*
web
eppeesa *nom*
button
erinnya *nom*
name
Eritrea *nom*
Eritrea
eryaato *nom*
boat
eryato *nom*
canoe
esaati *nom*
shirt
esaawa *nom*
watch
essaanduuko *nom*
box
essabo *nom*
temple
essanga *nom*
ivory
essanyu *nom*
joy
essanyu *nom*
exultation
essapatu *nom*
slippers
essimu *nom*
phone
esuubi *nom*
hope
esuula *nom*
chapter
esuuti *nom*
suit
Ethiopia *nom*
Ethiopia
ettabi *nom*
branch
ettama *nom*
cheek
ettondo l'yomuzira *nom*
dewdrop
evvu *nom*
ash
ewa *pre*
at
eyo *det*
that
ezziga *nom*
tear
fa *act*
die
failo *nom*
file
fani *nom*
fan
feeza *nom*
silver
feeza *sci*
silver
ffe *pro*
we

filimu *nom*
video
firiiji *nom*
fridge
firimbi *nom*
whistle
firimu *nom*
film
fisiksi *nom*
physics
fuka *act*
pour
Fula *nom*
Fula
fuluta *act*
snore
fumba *act*
cook
fumbiro *nom*
kitchen
funa *act*
get
funa *act*
achieve
funa *act*
adopt
fundikira *act*
adjust
fuuka *act*
become
gabana *act*
share
gabanya *act*
divide
gabanya *act*
split
Gadangme *nom*
GaDangme
galaji *nom*
garage
gamba *act*
say
gata *act*
join
gavana *nom*
governor
Gbe *nom*
Gbe
gela *act*
tell
gema *act*
vaccinate
genda *act*
go
gezaako *act*
try
gezi *adj*
wise
ggala *act*
shut
ggala *act*
close
ggamba *act*
mention
ggula *act*
open
ggulo *nom*
evening
ggumba *nom*
bone
ggwanga *nom*
republic
ggwe *pro*
you
Ghana *nom*
Ghana

giggi *nom*
curtain
ginga *nom*
ginger
giriisi *nom*
grease
goberera *act*
follow
gonda *adj*
soft
goolo *nom*
goal
goonya *nom*
crocodile
gramu *nom*
gramme
Guinea *nom*
Guinea
Guinea-Bissau *nom*
Guinea-Bissau
gujuubana *adj*
greedy
gula *act*
buy
gulaamu *nom*
gram
guwa *act*
fall
gwe *pro*
you
gyobera *nom*
address
haleluiya *exc*
hallelujah
Harmattani *nom*
harmattan
hayidurojeni *nom*
hydrogen
hayidurojeni *sci*
hydrogen
idi *nom*
Eid
Igbo *nom*
Igbo
Italiya *nom*
Italy
jaaga *nom*
jar
jajja omukazzi *nom*
grandma
jama *nom*
jama
jini *nom*
jeans
jja *act*
come
jjaja omusajja *nom*
grandfather
jjawo *act*
remove
jjawo *act*
withdraw
jjukiza *act*
remind
jjuuni *nom*
cocoyam
jjuzaamu *act*
fill
jollofu *nom*
jollof
Joni *nom*
John
jukira *act*
remember
juvu *adj*
full

ka ssemufu *nom*
cartoon
kaaba *act*
cry
kaadi *nom*
card
kaawa *adj*
bitter
kaayana *act*
argue
kabaabu *nom*
khebab
kabaka *nom*
king
kabina *nom*
rump
kabona *nom*
pastor
kabondo *nom*
community
kabonero *nom*
sign
kaboole *nom*
conjunctivitis
kabuyonjo *nom*
toilet
kabuyonjo *nom*
toilet roll
kade *adj*
old
kakobe *adj*
indigo
kakobe *adj*
violet
kakobe *adj*
purple
kakukuuzi *nom*
origin
kakyungwa *adj*
orange
kale *exc*
okay
kalenda *nom*
calendar
kalenge *nom*
mist
kalevu *nom*
chin
kalogoyi, *nom*
donkey
kalooli *nom*
vulture
kalu *adj*
dry
kalu *adj*
empty
kamenyo *nom*
giant
Kamerun *nom*
Cameroon
kampani *nom*
company
kamulali *nom*
pepper
kamulali *nom*
alligator pepper
kamunye *nom*
hawk
kamunye *nom*
falcon
kapa *nom*
cat
kapeti *nom*
carpet
kaputeeni *nom*
captain

karoti *nom*
carrot
kasasiro *nom*
trash
kasena enfuufu *nom*
dustpan
kasikonda *nom*
hiccups
kasolo *nom*
penis
kasooli *nom*
corn
kasozi *nom*
hill
kasuka *act*
throw
katale *nom*
market
katambala *nom*
handkerchief
katebbe *nom*
stool
katemba *nom*
drama
kati *adv*
now
katungulu *nom*
onion
kawa *nom*
coffee
kawanga *nom*
skull
kawo *nom*
pea
kawumbi *adj*
billion
kawumbi *adj*
trillion
kawundo *nom*
bat
kaza *act*
dry
keki *nom*
cake
kendeeza *act*
reduce
kenkey *nom*
kenkey
kente *nom*
kente
Kenya *nom*
Kenya
ki *pro*
it
ki *det*
which
ki kati *exc*
hello
ki kati? *exc*
hi
kibala *nom*
fruit
kibi *nom*
evil
kibi *adj*
ugly
kibuga *nom*
town
kibuga kinene *nom*
capital
kibumba *nom*
liver
kibuuzo *nom*
question
kibuyaga *nom*
thunderbolt

kifaananyi *act*
photograph
kifo *nom*
place
kifo *nom*
position
kifuba *nom*
chest
kifuba *nom*
cough
kigere *nom*
foot
kiisa *nom*
leniency
kika *nom*
version
kikadde *adj*
ancient
kikemo *nom*
temptation
kikolwa *nom*
action
kikome *adj*
gray
kikoola *nom*
leaf
kikoola *nom*
bud
kikumi *adj*
hundred
kikyaffu *adj*
dirty
kilimbo *nom*
lie
kilo *nom*
kilogram
kilomita *nom*
kilometer
kilungi *nom*
good
kimenke *nom*
chimpanzee
kimpi *adj*
short
kinaabiro *nom*
bathroom
kinaana *adj*
eighty
kingi *adj*
plenty
kino *det*
this
kinonomu *adj*
each
kinu *nom*
mortar
kinusu *nom*
coin
kinyeebwa *nom*
groundnut
kinyonyi *nom*
bird
kipya *adj*
fresh
kiragala *adj*
green
kiriza *act*
accept
kiriza *act*
believe
kiriza *act*
agree
kiriza *act*
allow
kisambi *nom*
hip

kisanikira *nom*
lid
kisanyi *nom*
caterpillar
kisawo ky'enyonyi *nom*
airport
kiseera kya ddumbi *nom*
Autumn
kisenge *nom*
bedroom
kisenge *nom*
room
kisenge ky'abagenyi *nom*
guest room
kisenge kyebabeeramu *nom*
hall
kisiikirize *nom*
shade
kisirani *nom*
misfortune
kisumuluzo *nom*
key
kitaka *adj*
brown
kitawuluzi *nom*
court
kitibwa *nom*
honour
kitiyo *nom*
spade
kitono *adj*
minor
kitufu *adj*
true
kituli *nom*
hole
kitundu *nom*
half
kivve *nom*
abomination
kiwanvu *adj*
long
kiwawatiro *nom*
wing
kiwewevu *act*
smoothen
kiwewuka *adj*
lightweight
kiyo *pro*
its
kizibu *adj*
difficult
kizibu *nom*
problem
kizibwe *nom*
cousin
kkamera *nom*
camera
Kkanisa *nom*
church
kkirita *nom*
razor
kkomera *nom*
jail
kkovu *nom*
snail
kkumi *adj*
ten
kkumi na bbili *adj*
twelve
kkumi na emu *adj*
eleven
kkumi na mukaaga *adj*
sixteen
kkumi na mukaaga *adj*
sixteenth

kkumi na musanvu *adj*
seventeen
kkumi na mwenda *adj*
nineteen
kkumi na nnya *adj*
fourteen
kkumi na ssatu *adj*
thirteen
kkumi na ttaano *adj*
fifteen
kojja *nom*
uncle
kola *act*
make
kola *act*
do
kola *act*
work
kola *act*
bake
kolanati *nom*
kolanut
kolima *act*
curse
koma *act*
cease
komawo *act*
return
komera *nom*
prison
kompyuuta *nom*
computer
Kongo *nom*
Kongo
Kongo *nom*
Congo
kono *adj*
left
kooko *nom*
cocoa
kookolo *nom*
cancer
kooltaa *nom*
coaltar
kozesa *act*
use
ku *pre*
to
ku *pre*
on
ku *pre*
about
kuba *act*
beat
kuba *act*
hit
kuba *act*
draw
kuba enguzi *nom*
bribe
kuba mu *act*
print
kubala *nom*
mathematics
kubanga *cjn*
because
kubanja *act*
owe
kubeera lubuto *adj*
pregnant
kubo *nom*
path
kubudaabuda *nom*
comfort
kubuuka *act*
fly

kufa *nom*
death
kufuna buvune *act*
injure
kugabiza *nom*
division
kugatta *nom*
addition
kugaziwa *nom*
extension
kugwa *act*
stumble
kugwawo *adv*
suddenly
kukola *nom*
working
kukungana *nom*
conference
kukwatako *adj*
tough
kulasa *act*
shoot
kulembera *act*
lead
kulika okuwangula *nom*
congratulations
kulika omwaka *exc*
happy new year
kulwa *pre*
for
kulwaki *adv*
why
kulya *act*
peck
kumi na munaana *adj*
eighteen
kunyooma *nom*
diss
kunywa *act*
take
kuran *nom*
koran
kurisitu *nom*
Christ
kusiima *nom*
gratitude
kusoma *nom*
reading
kusuubiza *nom*
promise
kusuubula *nom*
trade
kutabula eddagala *nom*
chemistry
kutegeera *act*
understand
kutulugunya *nom*
bully
kutya *nom*
fear
kuuma *act*
protect
kuva *pre*
from
kuvuganya *nom*
rivalry
kuwandiika *act*
write
kuyikiriza *nom*
sabotage
kuyombagana *nom*
squabbles
kuzanya akasero *nom*
basketball
kuziba *nom*
nightfall

kuzukira *nom*
resurrection
kw'ewandiisa *nom*
application
kwaagala *act*
love
kwaata *act*
hold
kwata *act*
catch
kwata *act*
touch
kwebaaza *act*
thank
kwebaliza *nom*
thanksgiving
kwegata *act*
unite
kwerimba *nom*
folly
kwetaaga *act*
need
kwewunya *nom*
wonder
kwewuuba *nom*
swing
kwogana *act*
shout
kwogera *nom*
discussion
kwogera *act*
speak
kwogera *act*
talk
ky'okuddamu *nom*
answer
kyaawa *act*
hate
kyaayi *nom*
tea
kyabbeeyi *adj*
expensive
kyalira *act*
visit
kyalo *nom*
village
kyamaguzi *nom*
product
kyambalo *nom*
crown
kyambalo *nom*
robe
kyangu *adj*
basic
kyanjawulo *adj*
distinguished
kyawagulu *adj*
maximum
kye ki *pro*
what
kyebawereza *nom*
delivery
kyenda *adj*
ninety
kyenvu *adj*
yellow
kyenyanja ekisiike *nom*
fried-fish
kyenyi *nom*
face
kyoya *nom*
feather
laangi *nom*
dye
laba *act*
look

laba *act*
see
laba *act*
find
laba *act*
watch
labula *act*
warn
laga *act*
show
laga *act*
guide
langa *act*
announce
langa *act*
advertise
langi *nom*
color
langi *nom*
paint
layisi *adj*
cheap
leero *adv*
today
leeta *act*
bring
leka *act*
let
leka *act*
leave
lembera *act*
govern
libulare *nom*
library
Libya *nom*
Libya
ligezzo *nom*
assessment
limansi *nom*
diamond
lina *act*
have
linda *act*
wait
lingala *nom*
Lingala
loani *nom*
loan
londa *act*
select
londa *act*
vote
londawo *act*
choose
longoofu *adj*
pure
loogi *nom*
lodge
loole *nom*
lorry
loota *act*
dream
looya *nom*
lawyer
lopa *act*
sue
lowoza *act*
think
loza *act*
taste
luba *nom*
jaw
lubalaza *nom*
verandah
lubutto *nom*
womb

luganda *nom*
relative
lugogo *nom*
gutter
lugoye *nom*
dress
lugoye *nom*
cloth
luguudo oluwanvu *nom*
highway
luhausa *nom*
Hausa
lujegere *nom*
chain
lujji *nom*
door
lujjudde *nom*
public
lukangaga lw'amapesa *nom*
keyboard
lukumi *adj*
thousand
lukumi lukumi *adj*
million
lulimi *nom*
language
luma *act*
bite
lumbe *nom*
funeral
lumonde *nom*
sweet potato
Lungereza *nom*
English
lungi *adj*
beautiful
lungi *adj*
good
lusiisira *nom*
camp
lusiringanyi *nom*
worm
lusozi *nom*
mountain
lutalo *nom*
battle
Luworomo *nom*
Oromo
luyimba *nom*
song
luyombo *nom*
quarrel
luyoroba *nom*
Yoruba
luzzi *nom*
well
lwa *pre*
of
lwana *act*
fight
lwana *act*
thrive
lwazi *nom*
ledge
lwokaano *nom*
race
lya *act*
eat
m *pho*
m
maama *nom*
mother
maanyi *adj*
strong
maapu *nom*
map

maaso *adv*
forward
mabega *nom*
back
magazini *nom*
magazine
magezzi *nom*
trick
makansi *nom*
scissors
makati *nom*
centre
mala *act*
finish
Malagasi *nom*
Malagasy
malalaokwemanya *nom*
pride
malayika *nom*
angel
mamba *nom*
cobra
mambya *nom*
sunrise
mangada *nom*
lime
manya *act*
know
mayilo *nom*
mile
mazima *adv*
truly
mbalabe *nom*
pimple
mbega *nom*
spy
mbega *act*
spy
mbega mbega *nom*
shoulder
mbizi y'omunsiko *nom*
hedgehog
meloni *nom*
melon
menya *act*
break
meza *nom*
table
mimwa *nom*
lip
minzaani *nom*
scale
mira *act*
swallow
mirembe *nom*
peace
mirembe n' emirembe *adj*
eternal
missa *nom*
service
mita *nom*
metre
mmere *nom*
flood
mmese *nom*
rat
mmwe *pro*
you
mousi *sci*
mouse
mpaka *nom*
force
mpanga *nom*
beetle
mpewo *nom*
wind

mpisa mbi *nom*
vice
mpola *act*
lend
mpola *adv*
slowly
mpologoma *nom*
lion
mu *pro*
her
mu *pre*
in
mu *pre*
among
mubbi *nom*
thief
mubeezi *nom*
assistant
mubiri *nom*
body
mubwangu *adj*
fast
muccere *nom*
rice
mucuungwa *nom*
orange
Mufirika *nom*
African
mufu *adj*
red
mugabo *nom*
share
mugagga *adj*
rich
muganda wange *nom*
sibling
muganda wange *nom*
brother
mugenyi *nom*
guest
mugga *nom*
river
mugo *nom*
stick
mugwiira *nom*
foreigner
mugwira *nom*
stranger
mugwira *nom*
immigrant
mujaasi *nom*
soldier
mujulizi *nom*
witness
mukaaga *adj*
six
mukadde *nom*
old lady
mukadde *nom*
old man
mukama *nom*
Lord
mukama wange *nom*
manager
mukazi *nom*
female
mukira *nom*
tail
mukka *nom*
oxygen
mukolo *nom*
party
mukono *nom*
hand
mukontanyi *nom*
rival

mukozesa *nom*
user
mukozi *nom*
maid
mukozi *nom*
savant
Mukristaayo *nom*
Christian
mukulembeze *nom*
leader
mukuttu *nom*
network
mukwano *nom*
friend
mukyaala *nom*
lady
mukyala *nom*
madam
mukyala *nom*
missus
mulagirizi *nom*
guide
mulamu *nom*
step-child
mulamu *nom*
inlaw
mulamuzi *nom*
judge
mulema *nom*
cripple
mulenzi *nom*
boy
mulilaano *nom*
neighbourhood
mulimba *nom*
liar
mulirwana *nom*
neighbour
mululu *nom*
glutton
mulungi *adj*
awesome
mumambuka *nom*
north
mumiro *nom*
throat
munaana *adj*
eight
munda *adv*
inside
munnamawulire *nom*
journalist
munno *nom*
partner
munnyu *nom*
salt
muntu *nom*
person
muntu *nom*
human
munye *nom*
eyeball
mupaliso *nom*
mattress
mupiira *nom*
soccer
musajja *nom*
male
musajja *nom*
man
musango *nom*
judgement
musanvu *adj*
seven
musawo *nom*
doctor

musege *nom*
wolf
musenyu *nom*
sand
musiraamu *nom*
muslim
musiru *nom*
idiot
musisi *nom*
earthquake
musoke *nom*
rainbow
musomesa *nom*
professor
musota *nom*
snake
musubuzi *nom*
trader
musujja *nom*
fever
musujja gw'ensiri *nom*
malaria
musuwa *nom*
vein
musuwa *nom*
artery
mutabani *nom*
son
mutamivu *nom*
drunkard
mutemu *nom*
murderer
muti gw'olweyo *nom*
broomstick
mutima *nom*
heart
muto *adj*
young
mutono *adj*
thin
mutto *nom*
toddler
mutwe *nom*
head
muvubi *nom*
fisherman
muwagizi *nom*
supporter
muwala *nom*
girl
muwala *nom*
daughter
muwala *adj*
female
muwambi *nom*
conqueror
muwe *act*
give
muweereza *nom*
servant
muwemba *nom*
millet
muwendo *nom*
quantity
muwendo *nom*
amount
muwogo *nom*
cassava
muyambi *nom*
helper
muyimbi *nom*
musician
muyizzi *nom*
student
muzadde *nom*
parent

mwaana *nom*
niece
mwaana *nom*
nephew
mwagalwa *nom*
sweetheart
mwaka *nom*
year
mwami *nom*
master
mwanyinaze *nom*
sister
mwattu *adv*
please
mwattu *nom*
dear
mwenda *adj*
nine
mwenge *nom*
beer
mwoyo *nom*
spirit
myaka kumi *nom*
decade
naaba *act*
bathe
nabubi *nom*
tarantula
nakongezakikolwa *nom*
adverb
nakongezalinnya *nom*
adjective
namusuna *nom*
chickenpox
namwandu *nom*
widow
nannyini *nom*
owner
nanyini businessi *nom*
proprietor
nausea *nom*
nausea
naye *cjn*
but
ndabirwamu *nom*
lens
ndiga *nom*
lamb
ndwadde *nom*
disease
ne *cjn*
and
nedda *exc*
no
nene *adj*
big
nene *adj*
fat
nera *adv*
again
neutroni *sci*
neutron
nffuddu *nom*
tortoise
nga *cjn*
while
nga bukyali *adj*
advance
nga tonaba *pre*
before
ngamiya *nom*
camel
ngano *nom*
dough
ngatto *nom*
shoe

ngazi *adj*
wide
nge *pos*
my
ngeri *nom*
solution
ngeri *adv*
as
ngero *nom*
fable
ngo *nom*
leopard
ngoolabye *exc*
sorry
ngumi *nom*
blow
Niger *nom*
Niger
Nigeria *nom*
Nigeria
njagala *act*
want
njala *nom*
hunger
njeru *adj*
white
njibwa *nom*
pigeon
njuki *nom*
bee
nkaaga *adj*
sixty
nkasi *nom*
oar
nkofiira *nom*
hat
nkoko *nom*
chicken
nkulungo *nom*
circle
nkumbi *nom*
hoe
nkusu *nom*
parrot
nnaabakyala *nom*
mistress
nnabayaala *nom*
queen
nnabbubi *nom*
spider
nnaku *adj*
sad
nnamungoona *nom*
crow
nnamunungu *nom*
porcupine
nnanga *nom*
piano
nnannyini nnyumba *nom*
landlord
nnantebe *nom*
chairwoman
nnatera *adv*
soon
nneyisa *nom*
behaviour
nnya *adj*
four
nnyaanya *nom*
tomato
nnyumba *nom*
house
nonya *act*
search
nsanvu *adj*
seventy

nsawo *nom*
pocket
nsawo *nom*
sack
nsenene *nom*
grasshopper
nsigo *nom*
kidney
nsiko *nom*
bush
nsiko *nom*
forest
nsonda *nom*
angle
nsonda *nom*
corner
nsonda-kkumi *nom*
decagon
nsonda-mukaaga *nom*
hexagon
nsonda-musanvu *nom*
heptagon
nsonda-mwenda *nom*
nonagon
nsonda-nnya *nom*
rectangle
nsonda-ssatu *nom*
triangle
nsonda-ttaano *nom*
pentagon
nsonga *nom*
reason
nsonyiwa *exc*
excuse me
ntalo *nom*
war
ntuntu *nom*
noon
nucleus *sci*
nucleus
Nuhu *nom*
Noah
nviiri *nom*
hair
nyenya *act*
quake
nyiga *act*
click
nyiga *act*
press
nyingi *adj*
many
nyingo *nom*
joint
nyo *adv*
very
nyogovu *adj*
freezing
nyongeza *nom*
bonus
nyonta *nom*
thirst
nyonyola *act*
explain
nywa *act*
drink
nywanto *nom*
nipple
nywegera *act*
kiss
nze *nom*
self
nze *pro*
me
nze *pro*
I

o *pho*
aw
o *pho*
oa
obubazi *nom*
carpentry
obububudamo *nom*
refuge
obudde *nom*
weather
obudde *nom*
time
obudde bukedde *nom*
daybreak
obufumbo *nom*
marriage
obufunze *nom*
economy
obugabi *nom*
generosity
obugaga *nom*
treasure
obugaga *nom*
wealth
obugagga *nom*
prosperity
obugazi *nom*
width
obugazi *nom*
breadth
obugumiikiriza *nom*
tolerance
obujja *nom*
envy
obujjemu *nom*
rebellion
obujulizi *nom*
testimony
obukulembeze *nom*
administration
obukulembeze *nom*
government
obukuumi *nom*
protection
obulabe *nom*
enmity
obulamu *nom*
health
obulamu bwa malidaadi *nom*
highlife
obulangira *adj*
royal
obulimba *nom*
deception
obulogo *nom*
witchcraft
obulumi *nom*
pain
obulungi *nom*
beauty
obulungi *nom*
goodness
obumalirivu *nom*
determination
obumanyilirivu *nom*
expertise
obumu *nom*
unity
obunji bwa abantu *nom*
population
obusagwa *nom*
venom
Obusilaamu *nom*
Islam
obusiru *nom*
foolishness

obussa *nom*
dung
obusulubbu *nom*
moustache
obutaba mugumikiriza *nom*
impertinence
obutakoma *nom*
infinity
obutakwatagana *nom*
friction
obutambuze *nom*
exploration
obutamivu *nom*
drunkenness
obutemu *nom*
murder
obutonde *nom*
disposition
obuvumi *adj*
brave
obuvumu *nom*
strength
obuvumu *nom*
courage
obuvumu *nom*
confidence
obuvunanyizibwa *nom*
duty
obuwangwa *nom*
culture
obuwangwa *nom*
tradition
obuwanvu *nom*
height
obuwanvu *nom*
length
obuwanvu *nom*
depth
obuwombeefu *nom*
humility
obuwuunga *nom*
flour
obuyambi *nom*
assistance
Obuyindi *nom*
India
obwagazi *nom*
passion
obwakabaka *nom*
throne
obwakabaka *nom*
kingdom
obwavu *nom*
poverty
obwegeendereza *nom*
carefulness
obwenzi *nom*
adultery
obwetavu *nom*
need
obwetwaze *nom*
independence
obwomu *nom*
monitor
obwongo *nom*
brain
odd *adj*
odd
oh *exc*
oh
okka *adj*
only
okoze bulungi *exc*
well done
okro *nom*
okra

okuba omulungi *act*
be good
okubala *nom*
computing
okubala *nom*
algebra
okubanja *nom*
demand
okubatiza *nom*
baptism
okubba *nom*
burglary
okubikulirwa *nom*
revelation
okubongoota *nom*
drowsiness
okubonyabonya *nom*
bullying
okubuusabuusa *nom*
doubt
okubuzza *nom*
greeting
okubwatuka *nom*
thunder
okuddukanya obulungi emirimu *nom*
efficiency
okufaayo *nom*
bother
okufuba *nom*
effort
okufuluma *act*
exit
okufumbirwa *act*
marry
okufumita *act*
poke
okufuuwa *act*
blow
okufuuwa *nom*
fart
okugata *nom*
union
okugolooba *nom*
sunset
okugulu *nom*
leg
okugwa mu kifuba *nom*
hug
okujaganya *act*
rejoice
okujjako *nom*
subtraction
okujjibwamu obwesigwa *nom*
disgrace
okujjukira *nom*
memory
okujuliza *nom*
quotation
okukeeta *nom*
frustration
okukiriza *nom*
faith
okukola *nom*
azonto
okukolima *nom*
curse
okukubisa *nom*
multiplication
okukula *nom*
growth
okukungubaga *nom*
lamentation
okukwata *act*
memorize

okukyusa *act*
adapt
okukyusa *act*
transform
okukyusa amazima *nom*
falsification
okulabula *nom*
warning
okulagira *act*
order
okulandagga *act*
be lengthy
okulanga *act*
braid
okulangirirwa *nom*
proclamation
okuleekaana *nom*
noise
okulinnya *act*
climb
okuliwa *nom*
compensation
okulondawo *nom*
pick
okulowoza *nom*
thinking
okulyamu olukwe *act*
betray
okumanyika *adj*
famous
okunyogoga *adj*
cold
okunyolwa *nom*
wailing
okunyumirwa *nom*
pleasure
okusaanawo *act*
drown
okusaaza *act*
cancel
okusaba *nom*
prayer
okusalawo *nom*
decision
okusanuka *act*
melt
okusasanya *nom*
supply
okusasuula *act*
pay
okusesema *nom*
vomit
okusiiba *nom*
fasting
okusiibula *act*
say goodbye
okusiibula *nom*
bye
okusiiwuka *act*
fade
okusima *act*
dig
okusitula *act*
lift
okusobola *act*
be able to
okusoma *nom*
education
okussa ekikkowe *act*
sigh
okusubula *nom*
business
okutawaanya *act*
harass
okuteekako *act*
switch on

okutegeera *nom*
comprehension
okutegeka *nom*
preparation
okutikilwa *nom*
graduate
okuttulula *act*
drain
okutu *nom*
ear
okututendereza *act*
praise
okutuuka *act*
reach
okuvunjisa *nom*
change
okuwa obuvumu *act*
encourage
okuwabula *nom*
encouragement
okuwagala *act*
sharpen
okuwakana *nom*
discord
okuwangulwa *nom*
defeat
okuwogana *nom*
sound
okuwona *nom*
healing
okuyamba *nom*
favor
okuyigganyizibwa *nom*
oppression
okuyitamu *nom*
success
okuyiwa *act*
disappoint
okuyongeza *act*
increase
okuzaala *nom*
childbirth
okuzanya ebikonde *nom*
boxing
okuzina *act*
fuck
okuzina *nom*
dancing
okuzitowa *nom*
weight
okuzukusa *act*
awaken
okuzuula *act*
found
okuzza obujja *nom*
revival
okw'ewola *act*
borrow
okwagala *nom*
love
okwasimula *act*
sneeze
okwawukana *nom*
divorce
okwebaza *nom*
tribute
okwefuga *act*
control
okweggatta *nom*
cooperation
okwegomba *nom*
covetuousness
okwejalabya *nom*
luxury
okwejjukanya *nom*
memorization

okwejjusa *nom*
procrastination
okwekubiira *nom*
favouritism
okwekweka *nom*
hide
okwelarikirira *nom*
worry
okwerabira *nom*
forgetfulness
okwetonda *nom*
repentance
okweyagaliza *act*
wish
okw' onona *nom*
waste
oli otya *exc*
how do you are
olubalama *nom*
beach
olubalama lwenyanja *nom*
coast
olubibiro *nom*
dam
olubuto *nom*
belly
olubuto *nom*
abdomen
olubuto *nom*
pregnancy
olucholi *nom*
Luwo
oludda *nom*
side
olufalansa *nom*
French
olugambo *nom*
gossip
Oluganda *nom*
Luganda
olugendo *nom*
trip
olugendo *nom*
journey
olugero *nom*
proverb
olugero *nom*
story
olugero *nom*
parable
oluguudo *nom*
road
oluguudo *nom*
street
olujegere *nom*
link
olukalala lw'abazzanyi *nom*
cast
olukiiko *nom*
meeting
olukomera *nom*
fence
olukusa *nom*
access
olulimi *nom*
tongue
olunaku *nom*
day
Olunaku olusooka *nom*
Monday
olunyiriri *nom*
line
oluseke *nom*
pipe
olusiringanyi *nom*
ringworm

oluswayili *nom*
Swahili
olutalo *nom*
civil war
olutiko *nom*
goosebumps
olutindo *nom*
bridge
Oluwolofu *nom*
Wolof
olwala *nom*
fingernail
olweeyo *nom*
broom
Olwokubiri *nom*
Tuesday
Olwokuna *nom*
Thursday
Olwokusatu *nom*
Wednesday
Olwokutaano *nom*
Friday
Olwomukaaga *nom*
Saturday
Olwomusanvu *nom*
Sunday
Olympics *nom*
Olympics
omubaka *nom*
courier
omubbazzi *nom*
carpenter
omubiri *nom*
flesh
omubisi gw'enjuki *nom*
honey
omubumbi *nom*
porter
omuddu *nom*
slave
omuffumbi *nom*
chef
omugaati *nom*
bread
omugabi w'obuyambi *nom*
philanderer
omuganzi *nom*
boyfriend
omugga *nom*
stream
omugole *nom*
bride
omugole omusajja *nom*
bridegroom
omugugu *nom*
burden
omuguwa *nom*
rope
omuguzi *nom*
customer
omuguzi *nom*
buyer
omukazi *nom*
woman
omukeeka *nom*
mat
omukisa *nom*
blessing
omukka *nom*
gas
omukka gw'obulamu *sci*
oxygen
omukono *nom*
wrist
omukozi *nom*
worker

omukulu *nom*
boss
omukulu w'ekika *nom*
chief
omukungu *nom*
dignitary
omukuttu *nom*
website
omukwano *nom*
friendship
omukyise *nom*
councillor
omulabirizi *nom*
bishop
omulala *adj*
another
omulambo *nom*
corpse
omulamwa *nom*
issue
omulele *nom*
trumpet
omulembe omupya *adj*
modern
omulenzi *adj*
billy
omulimi *nom*
farmer
omulimu *nom*
job
omulimu *nom*
activity
omuliraano *nom*
area
omuliro *nom*
fire
omuliro *sci*
charge
omululu *nom*
greed
omulwadde *nom*
patient
omulwanyi *nom*
warrior
omumbejja *nom*
princess
omumerika *nom*
American
omumwa *nom*
mouth
omumyuka wa prezidenti *nom*
vice-president
Omunamibia *nom*
Namibian
omuntu *pro*
somebody
omuntu *adj*
human
omunya *nom*
lizard
omupiira *nom*
ball
omupya *adj*
new
omusaayi *nom*
blood
omusambwa *nom*
ghost
omusana *nom*
sun
omusango gwa okulimba *nom*
perjury
omusanvu *nom*
obstacle
omusawo *nom*
nurse

omusekuzo *nom*
pestle
omusezzi *nom*
witch
omusezzi omusajja *nom*
wizard
omusingi *nom*
foundation
omusipi *nom*
belt
omusolo *nom*
levy
omusolo *nom*
tax
Omusomaali *nom*
Somali
omusomo *nom*
workshop
omusulo *nom*
dew
omusumaali *nom*
nail
omuswaaki *nom*
toothbrush
omutambuzi *nom*
traveller
omutandise *nom*
beginner
omutego *nom*
bow
omutendera *act*
step
omutendesi *nom*
coach
omutindo *nom*
trend
omutonzi *nom*
creator
omutunzi *nom*
seller
omutwe *nom*
title
omutwe oguluma *nom*
headache
omuvubuka *nom*
teenager
omuwaandiisi *nom*
author
omuwagizi *nom*
spectator
omuwagizi *nom*
sponsor
omuwala *nom*
damsel
omuwala *nom*
miss
omuwanguzi *nom*
victor
omuweereza *nom*
waiter
omuweesi *nom*
blacksmith
omuwendo *nom*
value
omuwendo *nom*
number
omuwuliriza *nom*
listener
omuyekera *nom*
rebel
omuyembe *nom*
mango
omuyizzi *nom*
hunter
omuzabbibu *nom*
grape

omuzadde *act*
parent
Omuzambia *nom*
Zambian
omuzannyo *nom*
play
omuzanyo *nom*
game
omuze *nom*
habit
omuzigo gw'ebinazi *nom*
palm kernel oil
Omuzimbabwe *nom*
Zimbabwean
omuzimu *nom*
apparition
omuzindaalo *nom*
earpiece
omuzinga *nom*
cannon
omuzira *nom*
snow
omuzukulu *nom*
great-grandchild
omuzzukulu *nom*
grace
omuzzukulu *nom*
grandchild
omuzzukulu *nom*
granddaughter
omuzzukulu *nom*
grandson
omwagalwa *nom*
darling
omwagalwa *nom*
beloved
omwami *nom*
chieftain
omwana *nom*
baby
omwana *nom*
child
omwavu *adj*
poor
omwavu *nom*
pauper
omwenge *nom*
wine
omwenge *nom*
alcohol
omwenge gw'ebinazi *nom*
palmwine
omwepansi *adj*
arrogant
omwezi *nom*
month
omwezi *nom*
moon
Omwezi gwekumi *nom*
October
Omwezi gwekumi ne biri *nom*
December
Omwezi gwokubiri *nom*
February
Omwezi gwokuna *nom*
April
Omwezi gwokusatu *nom*
March
Omwezi gwokutaano *nom*
May
Omwezi gwomukaaga *nom*
June
Omwezi gwomunaana *nom*
August
Omwezi gwomusanvu *nom*
July

Omwezi gwomwenda *nom*
September
Omwezi ogusooka *nom*
January
Omwezi ogwekumi n'ogumu *nom*
November
omwogezzi *nom*
spokesperson
ookya *adj*
hot
optioni *nom*
option
osiibye otya nno *exc*
good evening
Ostrelia *nom*
Australia
ow'ebigere *nom*
pedestrian
ow'ekisa *nom*
kind
owaaye *exc*
hey
p *pho*
p
paaka *nom*
park
paayi *nom*
pie
paka *pre*
until
paka mpaka *adj*
permanent
paliyamenti *nom*
parliament
pamba *nom*
cotton
papaali *nom*
papaya
passiwaadi *nom*
password
Peetero *nom*
Peter
pesewa *nom*
pesewa
pikipiki *nom*
scooter
pima *act*
measure
pinka *adj*
pink
pipa *nom*
barrel
pizza *nom*
pizza
plastika *adj*
plastic
polici *nom*
police
protoni *sci*
proton
pulezidenti *nom*
president
pulojekiti *nom*
project
repoti *nom*
report
s *nom*
s
s *pho*
s
saaba n'obwembuffu *act*
request
saba *act*
pray
sabbuuni *nom*
soap

sabiiti *nom*
week
sabumarini *nom*
submarine
sala *act*
cut
sala *act*
cross
saladi *nom.omupya*
salad
salambwa *nom*
puff-adder
sasanya *act*
spread
sawa *nom*
hour
sayensi *nom*
science
Scotilandi *nom*
Scotland
sefuliya *nom*
saucepan
seka *act*
laugh
sekondi *nom*
second
semiti *nom*
cement
semwandu *nom*
widower
Senego *nom*
Senegal
sente *nom*
money
setificati *nom*
certificate
sh *pho*
sh
shona *nom*
Shona
siba *act*
block
siga *nom*
scorpion
siga *act*
paste
sigimanyi *adj*
unfamiliar
sika *act*
pull
sikaati *nom*
skirt
siliki *nom*
silk
simula *act*
wipe
sindika *act*
push
sineema *nom*
cinema
sinza *act*
worship
sirika *nom*
silence
sirina *nom*
nothing
sisinkana *act*
meet
sitaani *nom*
devil
sitowa *nom*
store
situka *act*
arise
situla *act*
carry

sobola *act*
can
sofa *nom*
sofa
sokisi *nom*
sock
soma *act*
read
Somalia *nom*
Somalia
somero *nom*
school
somesa *act*
teach
sonyiwa *act*
forgive
sowaani *nom*
dish
ssa *nom*
breath
ssaawa *nom*
clock
ssanyu *nom*
happiness
ssatu *adj*
three
ssebo *nom*
sir
ssedduvutto *nom*
pedophile
Ssekukulu *nom*
Christmas
ssemazinga *nom*
continent
ssemwandu *adj*
widowed
ssenga *nom*
aunt
ssenkulu *nom*
director
ssentebe *nom*
chairman
ssentebe *nom*
chairperson
ssepiki *nom*
pan
ssigala *nom*
cigarette
ssimu *act*
phone
stetimenti *nom*
statement
stovu *nom*
stove
subiza *act*
promise
subola *nom*
work
subwa *act*
miss
sukali *nom*
sugar
sumulula *act*
loosen
suprizi *nom*
surprise
supu *nom*
stew
suubula *act*
trade
suula *nom*
verse
suula *act*
drop
t *pho*
t

t-saati *nom*
t-shirt
taaka *act*
land
taata *nom*
dad
taata omuto *nom*
stepfather
tabula *act*
mix
taka *nom*
land
taksi *nom*
taxi
talina bumanyirivu *nom*
novice
tambula *nom*
stroll
tambula *act*
walk
tambula *act*
travel
tandika *act*
start
tandika *act*
begin
tapu *nom*
tap
tawelo *nom*
towel
teeba *act*
score
teeka *nom*
law
tegeka *act*
arrange
tegula *nom*
tile
televisioni *nom*
television
tendeka *act*
train
tereka *act*
keep
tereka *act*
save
testamenti *nom*
testament
tiimu *nom*
team
tiketti *nom*
ticket
timba *nom*
python
Togo *nom*
Togo
tonda *act*
create
tono *adj*
small
tta *act*
kill
ttaano *adj*
five
ttaka *nom*
floor
tteeka *nom*
rule
ttondo *nom*
drop
ttuntu *nom*
afternoon
ttuntu nnungi *exc*
good afternoon
ttwaale *nom*
realm

tu *pro*
us
tuka *act*
arrive
tuka *act*
approach
tukuvu *adj*
holy
tukwanirizza *exc*
welcome
tuma *act*
send
tunda *act*
sell
tuula *act*
sit
u *pho*
u
Ujerumani *nom*
Germany
uniti *nom*
unit
univasite *nom*
university
Ururimi *nom*
Ururimi
vase *nom*
vase
viivi *nom*
knee
vuga *act*
drive
vuga *act*
steer
vunda *act*
rot
vunula *act*
translate
w *pho*
w
w'aba *cjn*
if
wa *adv*
where
waatula *act*
reveal
wabula *nom*
advice
wadde *cjn*
though
waggulu *adv*
up
wagulu *pre*
above
waka *act*
mate
wandiika *nom*
essay
wangula *act*
win
wanika *act*
raise
wanji *exc*
ah
wankaaki *nom*
gate
wano *adv*
here
wano *nom*
here
wansi *adv*
down
wanvu *adj*
tall
wassuzze otya? *exc*
good morning

wayiriza *act*
accuse
we *pos*
his
webaka *act*
sleep
webale *exc*
thanks
webale *exc*
thank you
webale *nom*
thanks
webuzabuza *act*
pretend
weeraba *exc*
fare well
wegana *act*
oppose
wegana *act*
deny
weka *act*
hide
wela *act*
avoid
welabire *act*
forget
wereza *act*
deliver
wetolola *act*
surround
weyongera *act*
continue
wiikendi *nom.omupya*
weekend
wofiisi *nom*
office
wofiisi ya amabaluwa *nom*
post office
wola *act*
cool
wongera *act*
integrate
wonya *act*
heal
woomi *adj*
sweet
wooteli *nom*
restaurant
wotameloni *nom*
watermelon
woteri *nom*
hotel
wulira *act*
hear
wulira *act*
feel
wulirriza *act*
listen
wunyiriza *act*
smell
wuuma *nom*
fork
wuzi *nom*
fabric
wuzzi *nom*
string
y'amasanyalaze *adj*
electric
ya bwe *pos*
their
ya ffe *pos*
our
yabikodyo *adj*
technical
yamba *act*
help

yameka *nom*
cost
yangu *adj*
easy
yavula *act*
crawl
ye *exc*
yes
ye *pro*
he
ye *act*
be
ye *pro*
she
ye *pro*
his
yemirira *nom*
station
Yesu *nom*
Jesus
yiga *act*
learn
yigiriza *act*
discipline
yimba *act*
sing
yimirira *act*
stand
yingini *nom.omupya*
engine
yingira *act*
enter
yintaneti *nom*
internet
yita *act*
call
yo *pos*
your
yongera *act*
add
yongera *act*
extend
yoza *act*
launder
zaabu *nom*
gold
zaabu *sci*
gold
zaala *act*
birth
zaawo *act*
replace
Zambia *nom*
Zambia
zanya *act*
play
zeero *adj*
zero
zibu *adj*
hard
ziika *act*
bury
ziimba *act*
build
zikiriza *act*
destroy
Zimbabwe *nom*
Zimbabwe
zina *act*
dance
zinga *act*
fold
zito *adj*
heavy
zuukuka *act*
wake

zzipu *nom*
zip

Index

Luganda kasahorow Library (lg.kasahorow.org/app/l)

- My Home in Luganda: Translate Luganda-English
- My First Luganda Animals: Translate Luganda-English
- My World in Luganda: Translate and Learn Luganda
- My First Luganda Dictionary
- Concise Luganda
- 102 Luganda Verbs
- My First Luganda Counting Book
- Luganda Children's Dictionary
- Modern Luganda: A concise introduction to the Luganda language
- Modern Luganda
- Luganda Learner's Dictionary
- Modern Luganda Dictionary

help+lg@kasahorow.org

If you are not satisfied with the quality of this book at the price you paid, please submit feedback at www.kasahorow.org/booktalk. We will send an updated revision free to your local library so you can go and make a copy.

Printed in Great Britain
by Amazon

63892990R00058